BEI GRIN MACHT SICH I
WISSEN BEZAHLT

- Wir veröffentlichen Ihre Hausarbeit,
  Bachelor- und Masterarbeit

- Ihr eigenes eBook und Buch -
  weltweit in allen wichtigen Shops

- Verdienen Sie an jedem Verkauf

Jetzt bei www.GRIN.com hochladen
und kostenlos publizieren

Jennifer Russell

Microsoft Strategie bezüglich betrieblicher Informationssysteme

Examicus Verlag

Bibliografische Information der Deutschen Nationalbibliothek:

Bibliografische Information der Deutschen Nationalbibliothek: Die Deutsche Bibliothek verzeichnet diese Publikation in der Deutschen Nationalbibliografie; detaillierte bibliografische Daten sind im Internet über http://dnb.d-nb.de/ abrufbar.

Copyright © 2005 GRIN Verlag GmbH
Druck und Bindung: Books on Demand GmbH, Norderstedt Germany
ISBN: 978-3-656-99264-6

http://www.examicus.de/e-book/186124/microsoft-strategie-bezueglich-betrieblicher-informationssysteme

Examicus - Verlag für akademische Texte

Der Examicus Verlag mit Sitz in München hat sich auf die Veröffentlichung akademischer Texte spezialisiert.

Die Verlagswebseite www.examicus.de ist für Studenten, Hochschullehrer und andere Akademiker die ideale Plattform, ihre Fachtexte, Studienarbeiten, Abschlussarbeiten oder Dissertationen einem breiten Publikum zu präsentieren.

1. Einleitung

In dieser Hausarbeit werden wir uns ausführlich mit dem Thema „Microsofts Strategie bezüglich betrieblicher Informationssysteme" beschäftigen.

Unser Interesse bezüglich dieses Themas beruht darauf herauszufinden, welche Strategie Microsoft benutzt und verfolgt, um auf dem Markt seit so langer Zeit so erfolgreich zu sein.

Zuallererst werden wir auf die Bedeutung von betrieblichen Informationssystemen (BIS) eingehen, da die BIS der Hauptbestandteil dieser Hausarbeit sein werden. Danach gehen wir auf die allgemeine Geschichte von Microsoft ein und Microsofts gegenwärtige Situation, die sich mit dem Geschäftsmodell und den Partnerschaften befasst.

Nachdem wir nun einen kleinen Einblick in das Unternehmen von Microsoft bekommen haben, werden wir uns mit den drei wichtigsten in Deutschland vertriebenen Produkten von Microsoft im Warenwirtschaftsbereich beschäftigen.

Weiterhin erfolgt eine Abgrenzung zu anderen Produkten, SAP und Oracle, die größten Konkurrenten von Microsoft im Bereich ERP – Enterprise Resource Planning.

Der letzte Teil unserer Hausarbeit beschäftigt sich mit den Zukunftsaussichten von Microsoft, wobei verdeutlicht werden soll, was Microsoft in Zukunft vor hat und wo das Unternehmen einmal hin will.

2. Betriebliche Informationssysteme

Zuallererst bedarf es einer Definition von Informations- und betrieblichen Informationssystemen. Allgemein spielen Informationssysteme in betrieblichen Zusammenhängen eine entscheidende Rolle, weil sie Informationen zur Erfüllung der Aufgaben eines Unternehmens bereitstellen. Eine exaktere Erläuterung ist: „Informationssysteme sind Softwaresysteme zur Speicherung, Wiedergewinnung, Verknüpfung und Auswertung von Informationen."[1] Demnach ist unter einem

---

[1] Engesser (1993), S. 274

Informationssystem ein organisatorisches und technisches Ganzes zu verstehen, welches zwischen Mensch und Maschine steht und das Informationen erzeugt, benutzt, ausgibt und vernichtet.[2]

Die Bedeutung von Software zur Unterstützung und zur Koordination betrieblicher Informationssysteme (auch IIS: Integriertes Informationssystem genannt), ist in den letzten zehn Jahren kontinuierlich gestiegen. Dazu geführt haben unter anderem die Entfaltung von Anwendungssoftware zu einem eigenständigen Wirtschaftsgut, da die Softwarekosten heute bei weitem die der Hardware übersteigen, die wachsende Komplexität der Aufgaben eines Informationssystems und folglich auch der Software, sowie zunehmende Qualitätsanforderungen an diese.[3]

Folglich kann man unter einem betrieblichen Informationssystem folgendes verstehen: Es dient der Abbildung der Leistungsprozesse und Austauschbeziehungen im Unternehmen, ebenso ist es eng mit dem Betrieb und seiner Umwelt verknüpft.

Betriebliche Informationssysteme dienen der Aufgabenerfüllung von Personen und Organisationen. Sie erfassen Informationen und versenden diese Informationen an den jeweiligen Empfänger. Die Empfänger wiederum haben Zugang zu denjenigen Informationen, die sie benötigen, um Prognosen und Planungen zu erstellen, sowie Entscheidungen zu treffen. Ein betriebliches Informationssystem bietet seinen Benutzern Hilfestellungen bei der Wahrnehmung und Erfüllung ihrer Aufgaben.[4]

Dieser letzte Satz ist sehr ausschlaggebend für die weitere Bearbeitung dieser Hausarbeit, um auf die eigentliche Strategie von Microsoft bezüglich betrieblicher Informationssysteme zu sprechen zu kommen.

---

[2] Vgl. Krückeberg/ Spaniol (1990), S. 301
[3] Vgl. Balzert (1996), S. 27 ff.
[4] Vgl. Hansen (1996), S. 67 ff.

3. Allgemeine Facts über Microsoft

Beginnen wir zuallererst mit einer kurzen Einführung in Microsofts Geschichte, um später auf die gegenwärtige Situation und Zukunftsaussichten dieses Imperiums zu sprechen zu kommen.

Microsoft, mittlerweile nach General Electronics das zweitbedeutendste Unternehmen der Welt und weltweit größter Softwareanbieter, wurde 1975 von Bill Gates und Paul Allan gegründet. Der Hauptsitz der Firma befindet sich heute in Redmond, einem Vorort von Seattle. Ausgesprochen steht der Name Microsoft für „Microcomputer-Software.

Im Jahre 1981 gelang Microsoft der Durchbruch zum Marktführer. Microsoft sollte im Auftrag von Intel ein Betriebssystem für den Intel Prozessor 8086/8088 erstellen, dass zuvor von Tim Paterson bei der Firma Seattle Computer Products entwickelt und 1980 an Microsoft verkauft wurde. Seit dem ist die Firma Microsoft immer mehr gewachsen und wie schon zuvor gesagt, zum zweitbedeutendsten Unternehmen der Welt expandiert.[5]

In Deutschland ist die Tochtergesellschaft Microsoft seit mehr als zwanzig Jahren tätig und hier ausschließlich für das Marketing der Microsoft Produkte zuständig. In Irland werden die Produkte für den europäischen Markt produziert, entwickelt und lokalisiert werden sie in den USA durch die Microsoft Corporation.[6]

In einer überraschend anberaumten Pressekonferenz hat Bill Gates im Jahre 2000 seinen Rücktritt als Vorstandsvorsitzender - CEO (Chief Executiv Officer) - angekündigt und diesen Posten an seinen alten Studienkameraden Steve Ballmer abgegeben. Gates selber bleibt Aufsichtsratsvorsitzender des weltgrößten Softwarekonzerns.[7] In diesem Jahr drückte er den unerwartet

---

[5] Vgl. *Wikipedia. Microsoft, 2006.* Online im Internet: URL: http://de.wikipedia.org
[6] Vgl. *Die Microsoft Deutschland GmbH, 2005.* Online im Internet: URL: http://www.microsoft.com
[7] Vgl. *heise online. Bill Gates ist zurückgetreten, 2000.* Online im Internet: URL: http://www.heise.de [14.01.2000].

guten Erfolg des Unternehmens wie folgt aus: "This has been a great year moving towards the digital lifestyle. I'd say it's going even faster than we would have expected."[8]

Dieses Zitat führt uns zum nächsten Punkt, bei dem wir uns mit der gegenwärtigen Situation des Unternehmens beschäftigen.

4. Microsofts gegenwärtige Situation

Aktuell, um auf die Strategie betrieblicher Informationssysteme eingehen zu können, muss gesagt werden, dass die Microsoft Business Solutions (MBS), um die es im weiteren näher gehen wird, einen der sieben Geschäftsbereiche der heutigen Microsoft Corporation darstellen. Diese sieben Geschäftsbereiche beziehen sich weiterhin auf Microsoft Windows, Windows Server System, MSN, Office, Mobile & Embedded und Games & Xbox.

Microsoft ist heute in 85 Ländern mit Niederlassungen präsent und beschäftigt rund 55.000 Mitarbeiter. Im Geschäftsjahr 2002/2003 erzielte Microsoft einen Umsatz von 32,19 Milliarden US-Dollar.[9] Im Weiteren beschäftigt sich Microsoft, vor allem im Bereich der Business Solutions (wobei Microsoft momentan nicht zu den großen ERP- und CRM-Firmen gezählt wird), mit dem mittelständischen Unternehmenszweig und ist in diesem Segment gesetzt wie kein anderer IT-Hersteller.

a. Geschäftsmodell

Bis heute hat sich das erfolgreiche Unternehmen zum Hauptziel gesetzt, Betriebssysteme in Form von Windows für den Customer (Endanwender) und Professional Bereich in Unternehmen anzubieten. Die Besonderheit von Microsoft im Gegensatz zu anderen Firmen hängt damit zusammen, dass sich die Strategie von Microsoft von Beginn an bis jetzt mit niedrigen

---

[8] *Microsoft. Bill Gates, 2005.* Online im Internet: URL: http://www.microsoft.com
[9] Vgl. *Microsoft. Die Microsoft Corporation in den USA, 2005.* Online im Internet: URL: http://www.microsoft.com

Preisen durch hohe Stückzahlen erklären lässt. Microsoft versucht die große Masse anzusprechen und ist gerade mit dieser Firmenphilosophie sehr erfolgreich. Im Vergleich dazu haben sich Oracle, Sun Microsystems und IBM zum Beispiel eher auf teure Spezialanwendungen spezialisiert, während Microsoft Produkte für jedermann herstellt und auch vertreibt. Zu diesem Segment gehören Betriebssysteme, sowie auch Productivity-Anwendungen und preisgünstige Internet-Services, die einen hohen Informationszugriff erlauben.

Das oberste Ziel ist Firmen, deren Produkte auf Microsofts Plattformen basieren, eine optimale Kompatibilität zu gewährleisten.
Es sollen möglichst viele Benutzer, Partner und Firmen auf Basis der Microsoft Plattformen platziert werden, um so eine große Verbreitung / Vervielfältigung des Produktes zu gewährleisten.[10]

Im Jahre 2003 hat Microsoft sein Leitbild neu formuliert: „Wir möchten Menschen und Unternehmen weltweit ermöglichen, ihr volles Potenzial auszuschöpfen."[11] Anhand dieses Leitbildes hat sich das Unternehmen vorgenommen durch verschiedene Unternehmenswerte, wie „den Kunden verstehen", „Neues ermöglichen", „Trustworthy Computing" (Verantwortung, Zuverlässigkeit und Transparenz demonstrieren), „Innovative und verantwortungsvolle Weiterentwicklung unserer Plattform" und so weiter ihr best mögliches jetzt sowie auch in Zukunft für den Kunden zu tun.[12]

b. Partnermodell

„Das auf Partnerschaften basierende Geschäftsmodell von Microsoft Deutschland liefert einen wesentlichen Umsatz- und Beschäftigungsbeitrag für den deutschen IT-Markt - insbesondere für den Mittelstand. Damit verbunden ist auch ein unmittelbar positiver Beschäftigungseffekt für den

---

[10] Vgl. *Microsoft Corporation, USA. Unternehmensgeschichte, 2005.* Online im Internet: URL: http://www.microsoft.com
[11] *Microsoft. Leitbild und Werte, 2005.* Online im Internet: URL: http://www.microsoft.com
[12] Vgl. *Microsoft. Leitbild und Werte, 2005.* Online im Internet: http://www.microsoft.com/germany/unternehmen/informationen/werte.mspx

deutschen IT-Markt.“[13] Zudem kann man sagen, dass Microsoft weltweit
bei verschiedenen Tätigkeiten wie Entwicklung, Vertrieb oder dem Einsatz
von Produkten mit über 22.000 Technologiepartnern kooperiert, und das
bereits in den Sparten der PC- und Software-Hersteller und Lösungs-
Anbieter.

Weiterhin hat das Unternehmen im Resale-Sektor, was soviel bedeutet wie
der Weiterverkauf von Waren, insgesamt 650.000 Partner weltweit. Zu
diesem Bereich gehören zum Beispiel Software-Händler und Hardware-
Unternehmen für kleine Firmen und Wiederverkäufer, die Software an
größere Firmen vertreiben. Somit lässt sich abschließend sagen, dass vor
allem der Erfolg von Microsoft und natürlich auch der Erfolg
der meisten Partnerunternehmen eng miteinander verbunden ist und
Microsoft mit seinem Umsatz für ein vielfaches der Arbeitsplätze im
Partnerumfeld verantwortlich ist.[14]

5. Microsofts Produkte im Bereich Warenwirtschaft

Kommen wir nun zum eigentlich wichtigen Thema, die Microsoft Business
Solutions.

„Die Microsoft Business Solutions ist ein internationaler Anbieter von
integrierter und branchenorientierter Unternehmenssoftware“ […][15] (ERP)
mit mehr als 20 Jahren Erfahrung im Bereich der kleinen und hauptsächlich
mittelständischen Unternehmen, auf die sich Microsoft spezialisiert hat.
Flexible Technologien mit umfangreicher Geschäftskompetenz werden hier
vereint.[16]

Zur Erklärung von ERP-Systemen: „Wenn ein integriertes Gesamtsystem
alle wesentlichen Funktionen der Administration, Disposition und Führung
unterstützt, spricht man einem ERP-System. ERP-Systeme bestehen aus

[13] *Microsoft. Öffentliche Dienste, 2005.* Online im Internet: URL:
http://www.microsoft.com
[14] Vgl. *Microsoft Corporation, USA. Unternehmensgeschichte, 2005.* Online im Internet:
URL: http://www.microsoft.com
[15] *Hp invent. Microsoft Business Solutions, 2005.* Online im Internet: URL:
h40047.www4.hp.com/mittelstand/ partner/microsoft_bs.html
[16] Vgl. *Axapta, in: Microsoft Business Solutions Zeitschrift,* (2004), S. 2

einem Basissystem und funktionsbezogenen Komponenten wie externes Rechnungswesen, Controlling, Beschaffung, Produktionsplanung und -steuerung, Vertrieb und Projektmanagement."[17] Enterprise Resource Planning bedeutet, diese Informationen über vorhandene Ressourcen in einem Unternehmen, wie beispielsweise Kapital, Betriebsmittel und Personal, bereitzustellen, um möglichst effizient für den betrieblichen Ablauf einzuplanen.

Microsoft bietet eine Reihe von ERP-Systemen an. Die Branchen-Lösungen basieren auf Standardsoftware und vereinen das Know-how mehrerer Branchen.[18] Verschiedene Anwendungen ermöglichen erst die durchgängige Automatisierung von Geschäftsprozessen. Diese decken somit die gesamte Wertschöpfungskette vom Finanzmanagement über Supply Chain Management, Marketing, Service und Support bis hin zum E-Business ab.[19] Die Businesslösungen sind auf die einzelnen Bedürfnisse der wachsenden mittelständischen Unternehmen spezialisiert. Sie sind schnell zu implementieren, einfach zu bedienen und leicht an wechselnde Anforderungen anzupassen.

Die aktuellen ERP-Lösungen von Microsoft Business Solutions sind Microsoft Axapta, Navision, XAL und CRM. An dieser Stelle muss erwähnt werden, dass Microsoft am 7. September 2005 bekannt gegeben hat, die Geschäftssparte Microsoft Business Solutions in eine einheitliche Namensgebung umzuändern. Das heißt, dass Microsoft Business Solutions in Zukunft in Microsoft Dynamics umbenannt werden soll: Axapta wird künftig Microsoft Dynamics AX heißen, entsprechend die anderen Produktreihen Dynamics NAV, Dynamics GP, Dynamics SL und Dynamics CRM.[20]

---

[17] *Fachbereich Wirtschaftswissenschaften. Betriebliche Anwendungssysteme, 2004.* Online im Internet: URL: http://wi.wiwi.uni-marburg.de [29.01.2004].
[18] Vgl. *hp invent. Microsoft Business Solutions, 2005.* Online im Internet. URL: h40047.www4.hp.com/mittelstand/ partner/microsoft_bs.html
[19] Vgl. *hp invent. Microsoft Business Solutions, 2005.* Online im Internet. URL: h40047.www4.hp.com/mittelstand/ partner/microsoft_bs.html
[20] Vgl. *Microsoft. Presseservice, 2005.* Online im Internet: URL. http://www.microsoft.com [08.09.2005].

Der einheitlich geführte Name ist Teil der Unternehmensstrategie von Microsoft. Das Unternehmen sieht eine gemeinsame .NET (darauf kommen wir später noch zu sprechen) basierte ERP-Lösung in Zukunft vor. Mit dieser Strategie soll die Entscheidungsfindung der Kunden erheblich vereinfacht werden und so zu schnelleren Kaufentscheidungen anregen.[21]

Nun kurz zur Erklärung von .NET, oder auch „*Die Next Generation Windows Services*" genannt. .NET ist hersteller- und plattformunabhängig. Das heißt, dass somit eine uneingeschränkte Kommunikation über das Internet ermöglicht wird. .NET besteht aus den folgenden vier Komponenten: Frameworks and Tools, Building Block Services, Enterprise Servers und Mobile Devices. Sinn des Ganzen ist, eine verbesserte Anpassung des Internets an den Anwender zu gewährleisten. Zudem wird der Zugriff auf E-Mails, den Terminkalender oder aber auch auf wichtige Unternehmensdaten erleichtert.[22]

Microsoft sagt sich, dass die Unternehmen am erfolgreichsten sind, die die Zufriedenheit der Kunden immer in den Mittelpunkt ihrer eigenen Geschäftsstrategie stellen.[23]

Des weiteren kommen wir auf die drei wichtigsten Business Lösungen von Microsoft im deutschen mittelständischen Bereich zu sprechen: Axapta, Navision und CRM. Microsoft Dynamics SL und GP werden hauptsächlich in den USA und Groß Britannien vertrieben.

a. Axapta

Microsoft Dynamics AX ist eine Businesslösung, die sich aufgrund ihrer innovativen Technologie schnell an neue Anforderungen anpasst und auch der internationalen Zusammenarbeit keine Grenzen setzt. Zudem werden sämtliche Funktionen, die sich auf die Zusammenarbeit interner und

---

[21] Vgl. *Microsoft. Presseservice, 2005.* Online im Internet: URL. http://www.microsoft.com [08.09.2005].
[22] Vgl. *ITWissen. .NET, 2005.* Online im Internet: URL: http://www.itwissen.info
[23] Vgl. *Microsoft Business Solutions. Microsoft Axapta, 2006.* Online im Internet: URL: http://www.microsoft.com

externer Zielgruppen beschränken, auch über Ländergrenzen hinweg, ausgerichtet.[24]

Sie weist folgende Merkmale auf: „innovativ, skalierbar und ideal geeignet für komplexe, internationale Projekte." Zudem verfügt Microsoft Dynamics AX über eine Vielzahl von Funktionen für typische Geschäftsprozesse im Bereich des größeren mittelständischen Unternehmenszweiges bis hin zu Tochterfirmen großer Konzerne. Diese Funktionen sind unter anderem das Manufacturing bis hin zur Distribution, dem Supply-Chain-Management, dem Customer-Relationship-Management.

Entwickelt wurde die ERP-Lösung für das Internet, um Geschäftsprozesse schnell und kosteneffizient zu handhaben. Zudem hat ein Unternehmen die Möglichkeit, sich immer und überall ein Büro zu schaffen, solange ein Internetanschluss vorhanden ist.[25]

„Laut einer unabhängigen Studie des Marktforschungsinstituts Nucleus Research berichten drei Viertel aller Anwender von einem positiven Return on Investment (ROI) innerhalb der ersten zwei Jahre nach Einführung der Software."[26] (Die ROI beschreiben den Mittelrückfluss auf eine IT-Ausgabe, in deren Berechnung die Investitionskosten dem zu erwartenden Nutzen gegenübergestellt werden.) Die Einsparung von Personalkosten und das Abbauen personeller Überkapazitäten standen dabei an erster Stelle. Zu dem dauert die Implementierung von Axapta im Durchschnitt nur 13,4 Monate. Andere Studien zeigen, dass die so genannte Amortisationsdauer bei ERP-Software anderer Hersteller wesentlich höher angesetzt wird.

Weitere Punkte sind eine Reduktion der EDV-Ausgaben, ein Anstieg der Kunden- und Partnerzufriedenheit durch die integrierte E-Commerce-Komponente und eine bessere Übersicht über die Geschäftsprozesse.[27]

---

[24] Vgl. *Microsoft Business Solutions. Axapta, 2006.* Online im Internet: URL: http://www.microsoft.com
[25] Vgl. *Microsoft Business Solutions Newsletter, 2004.* Online im Internet: URL: http://mediabase.microsoft.at
[26] *Watermark /deutschland.* Online im Internet: URL: http://www.watermark-europe.de
[27] Vgl. *Microsoft. Presseservice. Nucleus Research: Microsoft Axapta überzeugt bei ROI Betrachtung, 2004.* Online im Internet: URL: http://www.microsoft.com [22.11.2004].

Ursprünglich gehörte Axapta zur Firma Damgaard. Nachdem die Firmen Damgaard und Navision miteinander verschmolzen, blieb der Name Navision übrig und somit gehörte Axapta automatisch der Produktreihe der Microsoft Business Solutions an.

Zu erwähnen ist in diesem Fall, dass Axapta nicht direkt von Microsoft gekauft werden kann. Dies ist nur über externe Beraterfirmen möglich, die auch für den Support und die Schulungen dieser Lösung verantwortlich sind. Das ist der übliche Weg einer ERP-Software.[28]

b. Navision

Microsoft Dynamics NAV ist seit circa zehn Jahren eine der am häufigsten genutzten Business Lösungen für kleinere, mittelständische Unternehmen in Deutschland. Navision setzt vor allem auf die Implementierung innovativer Technologien wie das Internet. Somit wird eine bessere Geschäftsbeziehung zu den Lieferanten und vor allem auch zu den Kunden gewährleistet. Diese Lösung bietet einerseits eine internationale Standardlösung und zu dem noch eine flexible Individuallösung. Die Hauptkerngebiete von Navision sind vor allem das Supply-Chain-Management, Marketing und Vertrieb, Servicemanagement und das E-Business. Der große Vorteil dieser Lösung ist, dass das Unternehmen die Möglichkeit eingeräumt bekommt, die Software jederzeit den sich ändernden Anforderungen durch eine eigene Entwicklungsumgebung anzupassen. Aus diesem Grund ist ein Unternehmen nicht gezwungen bei Einführung neuer Produkte oder Geschäftsbeziehungen im In- und Ausland oder einer allgemeinen Geschäftserweiterung eine neue Lösung einzuführen, die wieder rum erhebliche und unnütze Kosten verursachen würde. Die Einführung dieser Business-Lösung garantiert somit eine langfristig lohnende Investition.[29]

Navision wurde von Microsoft für insgesamt 1,4 Milliarden Euro, beziehungsweise 1,3 Milliarden US Dollar, im Jahre 2002 von dem

---

[28] Vgl. *Wikipedia. Microsoft Axapta, 2005.* Online im Internet: URL: http://de.wikipedia.org [27.12.2005].
[29] Vgl. *Navision, in: Microsoft Business Solutions Zeitschrift,* (2004), S. 3 ff.

dänischen Softwarehaus Navision aufgekauft. Dieses war neben der amerikanischen Lösung Great Plains, auch unter dem Namen Apertum bekannt, die im Jahre 2001 für insgesamt 1,1 Milliarden US Dollar aufgekauft wurde, die zweitgrößte Übernahme in diesem Bereich.[30]

Mit den Produkten Navision und Axapta werden unterschiedliche Kundentypen angesprochen. Mit Navision wird ein Klientel erreicht, das ein sehr ausgereiftes Produkt mit reichlich Funktionalität bereits in der Standardversion sucht. Im Vergleich dazu ist Axapta eine Art Baukasten. Mit diesem Baukasten lassen sich rasch Anwendungen entwickeln.[31] Mittelständische- und Großunternehmen, die auch international tätig sind, greifen eher zur ERP-Lösung Axapta. Microsoft selbst bezeichnet dieses Softwareprodukt als *„[...]Lösung für den gehobenen Mittelstand[...]"*[32]. Axapta bietet mehr Nutzern gleichzeitigen Zugriff auf das System als Navision. Während Navision den Markt der kleineren und mittelständischen Unternehmen abdecken soll, zielt Axapta vor allem auf Firmen, deren Unternehmensgröße den Anforderungen an Navision übersteigt. Die Lizenzkosten bei Navision betragen in etwa 1.500 Euro und bei Axapta liegen sie bei circa 3.000 Euro.[33]

c. CRM

Customer Relationship, kurz CRM, ist eine Lösung, die den Möglichkeiten und Erwartungen mittelständischer Unternehmen entspricht und sie beim Aufbau profitablerer Kundenbeziehungen unterstützt.
CRM könnte man als eine bereichsübergreifende, IT-unterstützte Geschäftsstrategie bezeichnen, die das Ziel verfolgt, den Kunden langfristig an das Unternehmen zu binden. Immerhin ist der Aufwand einer neuen

---

[30] Vgl. *golem.de. Microsoft kauft Navision, 2002.* Online im Internet: URL: http://www.golem.de [7.05.2002].
[31] Vgl. *Microsoft: Innovative Partner sollen schleppendes ERP-Geschäft ankurbeln, 2005.* Online im Internet: URL: http://www.zdnet.de [29.06.2005].
[32] *Microsoft. Mittelstand, 2006.* Online im Internet: URL: http://www.microsoft.com/germany/mittelstand/leaderfellow.mspx?id=500074&tab=2
[33] Vgl. *Microsoft Presseservice. Nucleus Research: Microsoft Axapta überzeugt bei ROI Betrachtung, 2004.* Online im Internet: URL: http://www.microsoft.com/germany [22.11.2004].

Kundenacquisition größer als die Bindung an einen alten Kunden.[34] Durch Microsoft Dynamics CRM ist es möglich sich auf den Verkaufsprozess zu konzentrieren und einen sehr guten Kundenservice zu bieten. Hinzu kommt, dass diese Lösung das Management sowie die Vertriebs- und Servicemitarbeiter entlastet, vor allem wenn es um zeitraubende Prozesse geht.

Die Lösung CRM bezieht sich allgemein auf den mittelständischen Unternehmensbereich. Funktionen zum Aufbau profitabler Kundenbeziehungen sind zuvor nur großen Unternehmen vorenthalten gewesen, die ein hohes IT-Budget zur Verfügung hatten. Microsoft Dynamics CRM ist leicht zu bedienen und lässt sich effizient und wirtschaftlich anpassen, sowie ohne Probleme in das bestehende IT-Umfeld integrieren.[35]

CRM wurde auf Basis der Microsoft. NET-Technologie eigens, wie zuvor erklärt, entwickelt. Somit haben Benutzer die Möglichkeit über einen Web-Client mit dem Microsoft Internet Explorer sowie über einen Microsoft Outlook-Client auf Microsoft CRM zuzugreifen.[36] Zudem wurde die Software auf niedrige Gesamtkosten ausgerichtet.

6. Abgrenzung zu anderen Produkten

„Über 250 Anbieter mit 400 Lösungen drängen sich am Markt für Standardsoftware (ERP) in Deutschland. Neunzig Prozent der Unternehmen arbeiten jedoch mit einer der fünfzehn am häufigsten genutzten Lösungen. [...]"[37]

Im Oktober 2003 fand ein direkter Produktvergleich zwischen Microsoft Navision und SAP Business One statt. Der klare Sieger dieses Vergleichs ist Navision gewesen, da sich die Navision-Software als ausgereifter

---

[34] Vgl. *Wikipedia. Kundenbeziehungsmanagement, 2005.* Online im Internet: URL: http://de.wikipedia.org [20.12.2005].
[35] Vgl. *CRM, in: Microsoft Business Solutions Zeitschrift,* (2004), S. 3 ff.
[36] Vgl. *Microsoft CRM. Technologie, 2005.* Online im Internet: URL: http://www.microsoft.com
[37] *Netigater.de. Microsoft ist im Mittelstand SAP auf den Fersen, 2003.* Online im Intenet: URL: http://www.netigator.de

präsentierte. Ein Beispiel dafür ist die Vertriebsunterstützung, bei der Navision eine umfangreiche Maske zur Erfassung von Kundenbesuchen vorsieht, die im Aktivitätsprotokoll des Vertriebsangestellten angezeigt werden. Die Business One sieht lediglich ein Textfeld vor.

Microsoft positioniert die Navision-Lösung als ein komplettes ERP-Produkt, wobei SAP seine Software für Handelsunternehmen und Dienstleistungsunternehmen mit einfacher Fertigung vermarktet. Die Navision-Lösung ist bereits seit zehn Jahren am Markt. Die ersten Anwender dieser Lösung haben die ERP-Software noch über MS-DOS Clients bedient. Die Business One hingegen von SAP, welche in Israel entwickelt wurde, wird erst seit 2002 aktiv angeboten. Eine Entwicklungsumgebung wie bei Navision ist erst wenige Tage vor dem Duell auf den Markt gekommen.[38]

An diesem Beispiel sieht man, wie sich die verschiedenen Mitbewerber voneinander unterscheiden und dass jeder von ihnen auf seinem Gebiet ein klarer Vorreiter ist. Um dieses ganze noch einmal zu verdeutlichen, werden wir als nächstes auf die beiden größten Konkurrenten im Bereich ERP eingehen, SAP und Oracle.

a. SAP

Die Abkürzung SAP steht für Systeme, Anwendungen, Produkte in der Datenverarbeitung oder Systems, Applications and Products in data processing. SAP gibt es bereits seit mehr als dreißig Jahren und gehört zu den größten Konkurrenten der Microsoft Business Solutions, sowie Oracle. SAP behauptet von sich der globale Marktführer zu sein, insbesondere auf den drei wichtigsten ERP-Märkten, den Vereinigten Staaten von Amerika, Japan und der Europäischen Union. Allerdings macht SAP das größte Geschäft mit Firmen, die einen Umsatz von 100 Millionen bis zu einer

---

[38] Vgl. *Microsoft Business Solutions. Microsoft Navision ist die richtige Entscheidung für Ihr Unternehmen, 2003*. Online im Internet: URL: http://www.microsoft.com[17.10.2003].

Milliarde Dollar haben. Dementsprechend kann man SAP nicht zum Mittelstand setzen.

Gegründet wurde die Firma im Jahre 1972 von insgesamt fünf IBM-Mitarbeitern. Mittlerweile zählt SAP zum drittgrößten Softwareanbieter der Welt und hat den Hauptsitz in Walldorf. Der Umsatz im Jahre 2004 belief sich auf circa 7,5 Milliarden Euro.[39]

1992 fand die Markteinführung des Systems SAP R/3 (Client/Server-basiert) statt, das heute immer noch Anwendung findet. Der Vorreiter war SAP R/2, das erste von SAP betriebene ERP-komplett-System und war nur für den Großrechnerbereich gedacht. SAP R/3 ist wie die Business-Lösung von Microsoft ein Unternehmenssoftwaresystem, welches eine hohe Anzahl von Funktionen in Firmen unterstützt und über eine einheitliche Datenbasis miteinander verknüpft.[40] Das R steht in diesem Fall für realtime, im deutschen auch Echtzeit genannt. Die 3 beinhaltet die drei wichtigen Ebenen *Rechnungswesen, Logistik* und *Personalwirtschaft.*

Der Markt für Großunternehmen ist so gut wie abgegrast und es gibt darin kaum Gelegenheit, mit neuen Installationen Geld zu verdienen. Somit wendet SAP nun einen Blick auf den kleinen- und mittelständischen Bereich und bietet mit der Lösung „*Business One*" eine Standard-Software speziell für kleine Unternehmen.[41] Zusätzlich haben kleine Unternehmen die Möglichkeit, den Server beziehungsweise die Wartung des Servers aus der eigenen Firma auszulagern. Das heißt, dass das jeweilige Unternehmen Server benutzt, die von SAP betrieben und gewartet werden. Für den Mittelstand wurde die betriebswirtschaftliche ERP-Lösung "my SAP All-in-One" entwickelt.[42] Das aktuelle Projekt mySAP ist eine Gesamtlösung, die neben den ERP-Anwendungen viel neuere Produkte umfasst. Das Produkt

[39] Vgl. *SAP - Von Walldorf an die Wall Street. Eine Erfolgsgeschichte.* Online im Internet: URL: http://www.sap.com
[40] Vgl. *SAP. SAP R/3.* Online im Internt: URL: http://www.ibl-unihh.de/cereinf.ppt#272,3,Was ist SAP R/3
[41] Vgl. *SAP Business One: Setzen Sie nicht auf Größe. Setzen Sie auf Erfolg.* Online im Internet: URL: http://www.sap.com
[42] Vgl. *mySAP All-in-One: Setzen Sie auf Standards. Aber auf Standards speziell für Ihre Branche.* Online im Internet: URL: http://www.sap.com

orientiert sich im Vergleich zu SAP R/3 viel stärker am E-Commerce und webbasierten Anwendungskomponenten.

Zusammenfassend lässt sich sagen, dass SAP R/3 relativ teuer ist und aufgrund der komplexen Softwarestruktur eher zu einer Lösung für größere Betriebe entwickelt wurde, worauf sich SAP bisher hauptsächlich spezialisiert hat.[43]

b. Oracle

Die Oracle Corporation, im Jahre 1977 gegründet, ist weltweit das führende Unternehmen im Bereich Informationsmanagement und nach Microsoft das zweitgrößte unabhängige Softwareunternehmen. Oracle gilt als ein Softwarehaus, das besonderen Wert auf die Technologie legt, die seinen Anwendungen zugrunde liegt.

Der Hauptsitz des Unternehmens befindet sich in Redwood Shores, Kalifornien. Wie Microsoft hat sich auch Oracle auf verschiedene Bereiche, wie Datenbanken, Unternehmensanwendungen sowie Entwicklungs- und Analysewerkzeuge konzentriert. Zusätzlich sollen auch alle Produkte untereinander kompatibel sein. Der Umsatz der Firma beläuft sich auf etwa 10,2 Milliarden US-Dollar und insgesamt beschäftigt das Unternehmen über 50.000 Mitarbeiter.[44]

Da der Markt der relationalen Datenbanken, auf den Oracle hauptsächlich spezialisiert ist, weitgehend ausgereizt ist, möchte Oracle im ERP-Bereich Fuß fassen. Trotz der Übernahme von PeopleSoft im Jahre 2004 liegt der Marktanteil der Firma im Bereich betriebswirtschaftlicher Standardsoftware nur bei zweiundzwanzig Prozent (Stand: 2004), also weit hinter SAP mit einem Marktanteil von insgesamt vierzig Prozent (Stand: 2004). Im September 2005 hat Oracle die Übernahme des CRM-Anbieters Siebel angekündigt.

---

[43] Vgl. *Wikipedia. SAP R/3, 2006.* Online im Internet: URL: http://de.wikipedia.org [2.01.2006].
[44] Vgl. *ORACLE Deutschland GmbH.* Online im Internet: URL: http://www.softguide.de

Im ERP-Bereich bietet die Oracle-Business-Suite eine Reihe von Anwendungen an, die entweder als Einzelmodule oder als komplette Anwendungslösung erhältlich sind und die folgenden Geschäftsabläufe unterstützen: Supply Chain Management, Personalwesen, Marketing, Vertrieb sowie den Kundendienst.[45]

7. Zukunftsaussichten

Die Betriebserträge von Microsoft im Geschäftsjahr 2005 stiegen um insgesamt 61 Prozent. Weiterhin stieg der Umsatz um drei Milliarden US-Dollar, also auf 39,79 Milliarden US-Dollar an. In den letzten fünf Jahren erreichte Microsoft folglich eine Umsatzsteigerung von insgesamt 73 Prozent, das heißt, dass insgesamt 162 Milliarden US-Dollar Umsatz erzielt wurden und 75 Milliarden US-Dollar Reingewinn. Daran ist zu erkennen, dass das Unternehmen ein sehr erfolgreiches Geschäftsjahr 2005 verzeichnen konnte. Aus diesem Grund sieht Microsoft die Zukunft äußerst positiv und erfolgreich.[46]

Microsoft, wie bereits zuvor erwähnt, möchte die Geschäftssparte Microsoft Business Solutions in eine einheitliche Namensgebung umändern, in Microsoft Dynamics. Hiermit soll Microsofts Stellung gegenüber großen Konkurrenten wie SAP und Oracle gestärkt werden. Somit wird das Produktportfolio der MBS zusammengefasst und umbenannt. Dieses Projekt steht unter dem Codenamen: „Projekt Green" – eine gemeinsame Codebasis sollte damit geschaffen werden. Da dieses Projekt sehr umstritten und von der Bestandskundschaft nicht gewünscht war, hat Microsoft entschlossen einige Zwischenschritte einzuplanen.[47] Hinzu kommt, dass im Jahre 2006 neue

---

[45] Vgl. *Wikipedia. Oracle, 2006.* Online im Internt: URL. http://de.wikipedia.org [9.01.2006].
[46] Vgl. *Microsoft Corporation Annual Report 2006. Shareholder Letter.* Online im Internet: URL: http://www.microsoft.com
[47] Vgl. *ZDNet.de. Microsoft: Project Green wird in mehreren Stufen realisiert, 2005.* Online im Internet: URL: http://www.zdnet.de [08.03.2005].

Produkte von Microsoft im Bereich Business-Software unter dem Namen Microsoft Dynamics auf den Markt kommen sollen.[48]

In der späteren Produktsuite soll erreicht werden, dass der Kunde die beste Auswahl an Produkten hat.

Der nächste Punkt wird die neue Version Microsoft Dynamics CRM 3.0 sein, die ab dem 1. Januar 2006 als deutsche Version zu erhalten ist. Dabei setzt Microsoft nicht mehr auf die Standardversion, sondern Microsoft bietet eine „Professional" Version und eine Version extra für kleine- und mittelständische Unternehmen an. Zusätzlich sollen Preis- und Lizenzmodelle erneuert werden.[49]

Im Juli 2006 ist es dann soweit. SAP und Microsoft bringen gemeinsam ein neues Produkt zur Anbindung von Office an „Mysap ERP" heraus. Dieses Produkt soll den Codename: „Mendocino" bekommen.

Sinn des ganzen wird sein, Benutzern über Programme wie Outlook und Excel einen Zugriff auf die in dem SAP-System gespeicherten Daten zu ermöglichen. Auf diese Weise lassen sich zum Beispiel Urlaubs- und Reiseanträge stellen. Auch das Öffnen von SAP-Daten in Office wird möglich sein, ohne dass man vorher das jeweilige Microsoft-Programm verlassen muss.[50]

„Bruce Richardson von AMR Research bezeichnete Mendocino als bedeutenden Schritt für beide Softwarehersteller. Mit der Verknüpfung seien beide Seiten in der Lage, mehr Lizenzen zu verkaufen [...]."[51] Allerdings schweigen beide Unternehmen noch über ein geeignetes Lizenz- und Preismodell. Gemunkelt wird allerdings, dass der zu erwartende Preis unterhalb der sonst gewöhnlichen SAP Kosten liegen wird.[52]

---

[48] Vgl. *silicon.de. Bill Gates & Co verpassen Microsoft eine neue Firmenkultur, 2005.* Online im Internet: URL: http://www.silicon.de [08.09.2005].
[49] Vgl. *silicon.de. Microsofts CRM kommt in zwei Versionen, 2005.* Online im Internet: URL: http://www.silicon.de [21.11.2005].
[50] Vgl. *Computerwoche. SAP liefert Testversion von Mendocino an Kunden aus, 2005.* Online im Internet: URL:http://www.computerwoche.de [6.12.2005].
[51] *Computerwoche. SAP demonstriert Möglichkeiten von Mendocino, 2005.* Online im Internet: URL: http://www.computerwoche.de[20.05.2005].
[52] Vgl. *Computerwoche. SAP demonstriert Möglichkeiten von Mendocino, 2005.* Online im Internet: URL: http://www.computerwoche.de [20.05.2005].

Ein weiterer wichtiger Punkt ist die baldige gemeinsame Schnittstelle zwischen der Firma d.velop mit dem Produkt d.3 und Microsoft Axapta zur Anbindung des d.3-Systems an Axapta. Sinn des ganzen soll sein, Axapta-Anwendern die Möglichkeit zu geben in Enterprise-Content-Management oder Compliance einzusteigen.[53] Kurz zur Erklärung zu Enterprise-Content-Management (ECM): Dieses sind Technologien zur Erfassung, Verwaltung, Speicherung, Bewahrung und Bereitstellung von Daten und Dokumenten zur Unterstützung von organisatorischen Prozessen.[54]

Generell hat Microsoft auch in Zukunft vor, an der Entwicklung neuer Technologien innerhalb der größten Geschäftsbereiche zu arbeiten, um die Kundenbedürfnisse noch besser befriedigen zu können als zuvor.[55]

8. Fazit

Die Strategie von Microsoft liegt besonders im indirekten Vertrieb. Das heißt, dass die Lösungen und Anwendungen weltweit über einen großen Pool von verschiedenen Partnerschaften vertrieben werden. Somit bleibt der Konkurrenzdruck innerhalb des Direktvertriebs ausgeschlossen.

Mit dem Know-how der beiden Software-Lösungen Navision und Axapta holte sich Microsoft rund zwanzig Jahre Erfahrung mit Geschäftsanwendungen im Bereich kleiner- und mittelständischer Unternehmen ins Haus. Dies ermöglichte der Firma eine bereits fertige und seit langem auf dem Markt befindliche Software-Lösung zu vertreiben. Darin liegt der Unterschied zur selbst entwickelten Software CRM: Bei der CRM-Software musste Microsoft bei null beginnen. Der klare Vorteil von Navision und Axapta lag darin, ein fertig entwickeltes und hoch angesehenes Produkt zu vermarkten und vor allem frühzeitig im unteren

---

[53] Vgl. *Pressebox. d.3-Kopplung mit Microsoft Business Solutions-Axapta, 2005.* Online im Internet: URL: http://www.pressebox.de [01.09.2005].
[54] Vgl. *Wikipedia. Enterprise Content Management, 2005.* Online im Internet: URL: http://de.wikipedia.org/wiki/Enterprise_Content_Management [07.12.2005].
[55] Vgl. *Microsoft Corporation Annual Report 2006. Shareholder Letter.* Online im Internet: URL: http://www.microsoft.com

Segment der Unternehmensgrößen zu beginnen und nicht wie SAP und Oracle nur die großen Konzerne anzusprechen.

Microsoft hat von den Anfängen des Unternehmens bis heute eine gleich bleibende Karriere zu verzeichnen. Im Vergleich zu anderen Firmen ist zu erkennen, dass das Unternehmen in allen Sparten dieser Branche erfolgreich ist, sei es im Bereich der Business Solutions, im Server- oder auch im Bereich der Windows Betriebssysteme. Da eine ständige Kompatibilität zu den meisten Produkten anderer Hersteller gewährleistet ist, ist es dem Unternehmen somit möglich mit vielen anderen Firmen zu kooperieren und somit eines der Marktführenden Unternehmen zu bleiben. Da Microsoft-Systeme international sehr verbreitet sind und sich immer größerer Beliebtheit erfreuen, sind andere Unternehmen teilweise gezwungen, eine Kooperation mit diesem Imperium einzugehen, um auf dem Weltmarkt weiterhin zu bestehen. Dieses gehört natürlich auch zu der geschickten Strategie von Microsoft, da somit ihr weiteres Bestehen gewährleistet wird. Immerhin soll nach Ansicht der Marktforscher Forrester Research die Zahl der PCs bis 2010 auf 1,3 Milliarden anwachsen.[56]

---

[56] Vgl. Computer Base. Zwei Mal so viele PCs bis 2010, 2004. Online im Internet: URL: http://www.computerbase.de [14.12.2004].

Fachhochschule
für Wirtschaft Berlin
Berlin School of Economics

9. Literaturverzeichnis

Balzert, H. (1996): Lehrbuch der Software-Technik. Software-Entwicklung 1. Auflage. Heidelberg, Berlin, Oxford.

Engesser, H. (1993): Duden Informatik. Mannheim.

Hansen, H.-R. (1996): Wirtschaftsinformatik I. Grundlagen betrieblicher Informationsverarbeitung. 7 Auflage. Stuttgart.

Krückeberg, F./ Spaniol, O. (1990): Lexikon der Informatik und Kommunikationstechnik. 1. Auflage. Düsseldorf.

Internetquellen:

http://www.microsoft.com/germany/unternehmen/informationen/gmbh_profil.mspx

http://www.microsoft.com/germany/unternehmen/informationen/corp_profil.mspx

http://www.microsoft.com/germany/unternehmen/informationen/corp_profil/25jahre.mspx

http://www.microsoft.com/germany/unternehmen/informationen/werte.mspx

http://www.microsoft.com/germany/presseservice/detail.mspx?id=531439

http://www.microsoft.com/germany/presseservice/detail.mspx?id=531254

http://www.microsoft.com/germany/businesssolutions/crm/technologie.mspx

http://www.microsoft.com/germany/businesssolutions/axapta/crm.mspx

http://www.microsoft.com/germany/businesssolutions/archiv.mspx

http://www.microsoft.com/billgates/default.asp

http://www.microsoft.com/germany/government/initiativen/mice.mspx

http://www.microsoft.com/germany/mittelstand/leaderfellow.mspx?id=500074&tab=2

http://www.microsoft.com/msft/ar05/flashversion/10k_sl_deu.html

http://de.wikipedia.org/wiki/Microsoft

http://de.wikipedia.org/wiki/Microsoft_Axapta

http://de.wikipedia.org/wiki/Customer_Relationship_Management

http://de.wikipedia.org/wiki/SAP_R/3

http://de.wikipedia.org/wiki/Oracle

http://www.heise.de/newsticker/meldung/7607

http://h40047.www4.hp.com/mittelstand/partner/microsoft_bs.html

http://wi.wiwi.uni-marburg.de/WebSite/web.nsf/wwwCCGer/cc_bas.htm

http://h40047.www4.hp.com/mittelstand/partner/microsoft_bs.html

http://www.itwissen.info/details/definition/rubriken/Internet/.NET/

http://mediabase.microsoft.at/file.asp?ID=15028&dl

http://www.golem.de/0205/19681.html

http://www.sap.com/germany/company/index.epx

http://www.sap.com/germany/solutions/smb/businessone/index.epx

http://www.sap.com/germany/solutions/smb/allinone/index.epx

http://www.softguide.de/firma_r/fr_0486.htm

http://www.computerwoche.de/knowledge_center/enterprise_resource_planning/569574/

http://www.computerwoche.de/nachrichten/556724/index.html

http://www.pressebox.de/pressemeldungen/dvelop-ag/boxid-40499.html

http://www.silicon.de/cpo/hgr-busisoft/detail.php?nr=25371

http://www.silicon.de/cpo/ts-busisoft/detail.php?nr=23523

http://www.silicon.de/cpo/news-busisoft/detail.php?nr=25037

http://www.zdnet.de/news/software/0,39023144,39131057,00.htm

http://www.zdnet.de/itmanager/print_this.htm?pid=39134458-11000015c

http://www.watermark-europe.de/pages/products/microsoft_dynamics_ax.html

h40047.www4.hp.com/mittelstand/ partner/microsoft_bs.html

http://www.netigator.de/netigator/live/fachartikelarchiv/ha_artikel/powerslave,id,10062827,
obj,CZ,np,archiv,ng,,thes,.html

http://www.computerbase.de/news/allgemein/studien/2004/dezember/zwei_mal_pcs_2010/

www.ingramcontent.com/pod-product-compliance
Lightning Source LLC
LaVergne TN
LVHW042315060326
832902LV00009B/1518